AF227380

DE LA COLONISATION.

CHAPITRE 25ᵉ ou 35ᵉ d'un Traité intitulé :
La Politique du Bon Sens.

A PARIS,

Chez P. DUFART, Libraire, quai Voltaire, n° 19.

1819.

DE L'IMPRIMERIE DE J.-M. EBERHART,
rue du Foin Saint-Jacques, n° 12.

AVANT-PROPOS.

Voici un nouveau chapitre du Traité intitulé : *La Politique du Bon Sens.* Le bon sens court les rues, disoient nos pères. Aujourd'hui il est plus concentré : ce n'est pas qu'on puisse s'en passer ; car le bon sens, dit Bossuet, est le maître de la vie humaine ; mais il est obligé de se montrer avec réserve. Brûlons donc de tems en tems quelques grains d'encens sur son autel, en attendant que nous voyions revenir l'heureux tems où il pourra exercer son influence ouvertement.

Les idées que rassemble ce chapitre tendent à réfuter une erreur trop commune, et à laquelle on revient trop souvent, surtout quand les factions croient pouvoir s'en faire une arme, ce n'est qu'en

rétablissant courageusement les principes ,
par l'évidence de la vérité , qu'on peut détruire les illusions systématiques, sans en-
gager avec elle une controverse dont elles
ne sont pas dignes.

Toutes ces réfutations sont tardives ,
dira-t-on , mais le bon sens n'est jamais
pressé. C'est l'erreur qui se hâte; parce qu'il
lui faut pour s'établir l'appui des passions
régnantes. Le bon sens aime le calme, il
y ramène , il le maintient , il est de tous
les tems ; et il vient souvent d'autant plus
à propos qu'il est plus attendu.

DE LA COLONISATION.

C'est une chose bien éloignée des idées des François, que la colonisation. On fait cependant toujours des colonies ; mais ce qui sert à diriger cet acte politique est tellement oublié, qu'on n'en reconnoît plus ni les avantages ni le but. C'est chez nous un accident, un exil, une expulsion qu'une colonie. Chez les anciens, c'étoit une expédition, un établissement, une augmentation de puissance. Chez nous une colonie est une épuration : chez les anciens, une colonie étoit une branche florissante qu'on ne séparoit qu'à propos d'un tronc vigoureux, pour en augmenter la force, et en mieux favoriser le développement.

La colonisation a des principes de droit public faits pour la légitimer, pour l'honorer, pour la régler ; et il n'y a point de colonie légale sans des conditions honorables. Les colo nies sont des entreprises politiques, comme les invasions sont des entreprises militaires. Les unes et les autres ne peuvent être justifiées que par une nécessité évidente, et conduites que par des vues justes, grandes et généreuses.

Les peuples anciens paroissent avoir bien connu le droit public de la colonisation. Au moins tout ce que l'histoire nous en transmet porte un caractère de grandeur, de puissance et de loyauté qui paroît partir d'un principe certain et reconnu.

Presque tous les peuples Grecs étoient des colonies de Lydiens, de Tyriens, d'Egyptiens. Les Grecs ont ensuite envoyé des colonies en Sicile, en Italie, dans l'Asie mineure, dans les Gaules, dans la Scythie. Garthage, colonie elle-même, a peuplé l'Espagne de ses colonies. Rome en a envoyé dans tout l'univers connu : mais ces colonies étoient des peuplades bien composées, des familles de choix qui avoient à leur tête des princes, des hommes puissans, des capitaines de nom. Elles portoient avec elles de grands moyens de richesse, de science, d'industrie, de guerre, de culture, et formoient dès leur naissance un état formidable et florissant.

Les colonies des peuples du Nord, celles des Vandales, celles des Huns, celles des Gots, ont été faites sur d'autres principes que celles des anciens peuples du Levant et du Midi. Entreprises uniquement dans un esprit de destruction et d'envahissement, elles ont attiré à leurs chefs, Attila, Alaric et Genseric, le titre exécrable de dévastateurs et de fléaux de Dieu. Ce n'étoit plus la civilisation qui venoit s'établir dans des contrées désertes ou barbares; c'étoit la barbarie féroce qui venoit surprendre et écraser des nations civilisées et paisibles. Mais, toutes féroces qu'étoient ces colonies, elles n'étoient point formées du rebut des nations d'où elles sortoient. C'étoit l'élite de la jeunesse et de la milice du pays, ayant à sa tête le Roi lui-même, se présentant partout en état de force et de supériorité, et déployant à tous les pas un courage indomptable et digne d'un meilleur but. Enfin ces colonies se fondirent avec les peuples qu'elles avoient commencé par opprimer, fertilisèrent par leur activité les pays qu'elles avoient d'abord dévastés, et obtinrent le prix de la seule vertu qu'elles pratiquèrent toujours parmi tant de crimes, le prix de leur courage. C'est par ce courage longtems soutenu qu'elles fondèrent des Etats que leur forte impulsion militaire a perpétués, et que le concours des avantages civils a ensuite consolidés et illustrés.

Les établissemens des Espagnols dans l'Amérique nouvellement découverte par eux, ne furent point des colonies raisonnées, mais une émigration du peuple espagnol que la soif de l'or déplaça presque tout entier. Les longues cruautés qu'ils exercèrent sur les indigènes sont la plus forte plaie qui ait été faite à l'humanité. Cette tache ineffaçable déconsidère encore les colonies des Espagnols dans le Nouveau-Monde; leur existence y est liée avec le malheur d'une innombrable race d'hommes. Ils ont obtenu l'or qu'ils recherchoient; mais ils ont aussi attaché à leur histoire d'horribles souvenirs. Ils ne se relèveront jamais de leur indiscrète dépopulation chez eux, et de la mémoire de leurs crimes chez les Péruviens et les Mexiquains. Ce n'est point ainsi qu'on colonise.

Les tigres goths et vandales étoient des agneaux, au prix des implacables Espagnols.

La belle navigation des Portugais dans l'Inde par le cap de Bonne-Espérance, eût été pour eux l'occasion de brillantes colonies, s'ils n'y eussent pas transplanté leurs moines, leur fanatisme et leur inquisition. Ils ont vu périr dans leurs mains Macao et Goa, parce que tout établissement contraire au droit des gens ne peut avoir qu'une existence éphémère. Leurs colonies du Brésil ont eu au contraire des succès toujours croissans; parce qu'elles ont été dirigées par des hommes plus politiques, et dans des vues plus grandes et plus justes.

Les Anglais ont établi sur de meilleurs principes encore leur secourable et florissante colonie des États-Unis; les Hollandois celle de Java. Philadelphie, Boston, Batavia ont appris au monde que les attentats de l'Espagne n'étoient point ceux de l'Europe; aussi ces colonies qui vont toujours en augmentant de force, quoiqu'en changeant de régime, marquent-elles déjà dans l'univers comme d'anciens Etats.

Chez nous une colonie ne se conçoit que pour décharger la population des pervers et des brigands, lorsqu'ils infestent la société en trop grand nombre. On les envoie sans secours, sans moyens suffisans, dans des endroits du monde très-éloignés, souvent malsains, où ils finissent par périr misérablement, après avoir flétri l'humanité et déshonoré leur mère-patrie. Que si quelques-unes de ces peuplades échappent à leur destruction totale, elles ont long-temps à lutter contre l'infamie de leur origine, et ce n'est que par grâce qu'elles obtiennent à la longue de rentrer en commerce avec l'univers civilisé.

Les gouvernemens n'ont point le droit de déshonorer ainsi des races. Ils n'ont point le droit de composer des peuples de malfaiteurs. Ils n'ont point le droit d'envoyer des ramas de gens pareils hors de chez eux. Ils doivent supporter, contenir, séquestrer leurs méchans, et ne sont point admissibles à s'en décharger sur le reste du monde. Ce mode de colonisation est une infraction si évidente au droit des gens, qu'il y a lieu de s'étonner qu'aucun publiciste ne se soit encore élevé contre un expédient

aussi indigne de l'honneur des nations modernes.

Une colonie ne sauroit être prospère, si elle
n'est pas composée d'hommes libres et volon-
taires. Une colonie de forçats porte avec elle le
principe de sa destruction; et l'on trouvera
peu d'exemples qui ne confirment cette vérité;
parce que l'homme vit de sentimens comme
de substances. Le mépris de lui-même au mo-
ral, un mauvais air au physique, le font éga-
lement dépérir.

Voyez toutes les colonies qui ont prospéré,
elles ont eu la moralité pour principe, et des
hommes vertueux pour fondateurs. Le brigan-
dage ne sera jamais un lien social. Pen, Wasing-
thon et Francklin étoient d'honnêtes gens.

Or, ce qui détermine le besoin d'une colonie chez un peuple, c'est ou l'exubérance de la
population, ou la surabondance des richesses,
ou la pauvreté du local en opposition avec la
force de la discipline, ou la lassitude des mêmes
usages. Ces cas que les bons politiques savent
connoître et pressentir, sont des indications
de la nécessité imminente d'une colonie.

Tout peuple heureux devient nombreux; et quoiqu'avec le bonheur et la gloire, marchent toujours l'intelligence et l'industrie, il arrive un terme où les moyens de commerce, d'arts, et de culture ne peuvent plus subvenir aux besoins trop multipliés de la population. Tout ce qu'on recueille du dedans, tout ce que le négoce attire du dehors, devient insuffisant pour l'établissement et l'entretien de tant de familles. Voilà le premier cas de la colonisation. C'étoit celui où étoient les François à l'approche de leur épouvantable révolution.

La surabondance des richesses est encore un motif de colonisation ; parce qu'à la surabondance s'en joint presque toujours le partage trop inégal. Un allégement de population rétablit alors, non une égalité dangereuse, mais un équilibre heureux qui rend les hommes plus nécessaires les uns aux autres, sans qu'il y en ait d'écrasés et de dénués. C'est à la surabondance des richesses que Carthage et Marseille doivent leur établissement chez les anciens, et Batavia chez les modernes.

La pauvreté d'un pays, lorsqu'elle contraste

trop avec la force de la race et la vigueur de la discipline, est une autre cause de colonisation. Elle a déterminé toutes les colonies du Nord. Que faire de tant d'hommes courageux et robustes, si ce n'est des soldats? Comment contenir tant de bons soldats dans un pays dénué? Il faut les conduire dans de beaux climats, et partir avec eux. C'est ce qui a déterminé Alaric. Les Lapons ne colonisent ni n'émigrent, parce que c'est une race proportionnée à son climat : et les Suédois, les Danois, les Norwégiens, qui sont de belles races d'hommes, ne sauroient être nombreux tranquillement dans un pays de privations : mais les mers, autrefois fermées, aujourd'hui de toutes parts ouvertes et fréquentées, leur offrent des moyens continuels d'émigration, qu'ils ne peuvent plus trouver par les terres, occcupées à présent, sur toutes leurs issues, par des nations belliqueuses.

Enfin la lassitude des mêmes usages, des mêmes lieux, des mêmes autorités, fait naître chez un peuple le besoin d'une colonie; et alors elle régénère ceux qui partent autant que ceux qui restent, en les sauvant tous du plus grand des maux, de l'ennui. On ne fait point assez

d'attention que les peuples sont sujets à la maladie de l'ennui comme les individus, et que
cette maladie les fait dégénérer et dépérir. Tout
peuple qui n'a pas dans lui-même des objets
suffisans de diversions, d'intérêt et de mouve-
ment, par le commerce, par les sciences, par
les embellissemens, par les arts; celui qui ne
communique pas avec les autres peuples, et
qui n'est pas fréquenté par eux, celui qui est
toujours avec les mêmes hommes, les mêmes
choses, les mêmes idées, finit par s'anéantir
dans l'abrutissement, ou par se décomposer
dans des divisions. Ces divisions ont des causes
apparentes, mais qui ne sont qu'apparentes :
leurs causes réelles ne sont autres que l'ennui
public. Une colonie heureusement entreprise
dans ces cas, plus fréquens qu'on ne pense,
rend la vie et la santé morale à une nation, et
peut épargner souvent à l'humanité des crises
cruelles.

Au reste, la colonisation n'est pas toujours
le seul moyen d'obvier à l'excès de la population : il est des circonstances, il est des positions qui en indiquent un autre emploi; et
pour bien discerner les cas où les colonies sont

admissibles, il n'est pas moins important d'examiner ceux où les bons politiques doivent se les interdire.

Le gouvernement russe a été bien éclairé et bien magnanime, en s'abstenant de déverser sa population sur les nations de l'Europe qui l'avoient civilisé, lorsqu'il en a trouvé dans notre défection une occasion aussi favorable. Sa retraite, après sa victoire, immortalise son souverain. Et en effet, ce gouvernement qui est, avant tout, appelé à se coloniser sur lui-même, qui a tant de villes à fonder dans tant de climats, sur tant de fleuves, près tant de mers qui en attendent; ce gouvernement qui doit d'abord chercher à se remplir, avant de songer à se répandre, se seroit ébranlé lui-même par des incursions prématurées et à contre-sens. Le grand parti qu'il a su prendre, dans cette circonstance mémorable, l'a montré en même temps habile et généreux. Et cette noble détermination, il a eu l'avantage de la prendre devant l'univers rassemblé, dans un concours d'évènemens qui va fixer pour long-temps les regards des siècles, et faire une des plus grandes époques de l'histoire.

Nous voyons dans les Suisses une conduite inverse qui peut aussi passer pour un exemple de sagesse. La nation Suisse qui est en resserrement ce que la nation Russe est en étendue, montre par d'autres moyens la même prudence. Les Suisses que leur long état de paix, leurs mœurs et leur liberté rendent très-populeux, n'ont autour d'eux ni déserts, ni ports de mer pour y verser l'excédent de leur population. Resserrés de tous côtés par de grandes nations, ils ont pris le parti de se mettre à leur solde comme ouvriers, comme serviteurs, mais surtout comme milices. Ils ont formé leur plus belle jeunesse en corps militaires, et au lieu de faire avec ces troupes la guerre à leurs voisins, ils les envoient faire la guerre pour leurs voisins. Par ce moyen ils s'en déchargent sur les autres sans cesser de les avoir pour eux. Cette conduite n'est pas sans exemple chez quelques peuples de l'antiquité. Les Grecs se sont mis souvent au service des Perses. Chez les modernes, les montagnards de l'Inde, connus sous le nom de Cipayes, et les Suisses, sont les seuls que nous puissions citer. Cette manière de rendre son pays inattaquable en guerroyant pour les autres, convient à de certaines situations; et c'est un moyen très-conservateur.

Pour ramener cette question à son essence, et en faire l'application à la France, on voit qu'il y a de certaines époques et de certaines situations qui défendent de faire des colonies; qu'il y a d'autres époques et d'autres positions qui les ordonnent; et que, dans les cas où l'on doit se déterminer à en faire, il faut qu'elles portent avec elles toute la force, toute la gloire, tous les avantages des pays dont elles se séparent.

Il est difficile sans doute que des François ne regardent pas une colonisation comme un exil. Leur position dans le climat le plus tempéré, sous le ciel le plus heureux, sur la terre la plus fertile, leur peut rarement faire désirer des établissemens étrangers. Toutefois il y a des momens où l'amour du pays même peut en inspirer le projet, et en déterminer la tentative. L'envie d'étendre la gloire nationale, d'établir des communications utiles, peut porter une nation entreprenante à former un établissement lointain : mais il faut bien observer que

ce n'est point le cas où nous sommes aujour-
d'hui, et que notre situation actuelle nous le
défend même expressément.

Fatigués, quoique non épuisés, par une révolution où nous avons eu à nous défendre en
même tems de nous-mêmes et de tous les peuples ligués contre nous, nous avons nécessai-
rement épuisé dans cette lutte l'excédent de
population qui nous oppressoit. Ce qui reste
se trouve encore composé de plusieurs partis;
et le salut de l'Etat exige que ces partis se fon-
dent peu à peu, sans nouvelle commotion,
dans l'union nationale. Il n'y a pas un de ces
partis qui ne désirât la déportation des autres
pour rester le maître; mais l'intérêt de la France
ne le veut pas ainsi; et nous avons, dans nos
proscriptions précédentes, dans nos ostracis-
mes, et dans nos déportations, des exemples
trop effrayans, pour ne pas bannir à jamais
ces odieux moyens de notre gouvernement
réparateur.

Qu'on remarque bien que nous n'avons sup-
porté ces attentats que parce que nous ne les
avions pas cru possibles. Notre ancienne et

longue sécurité nous avoit aveuglés sur nos dangers : mais aujourd'hui le sentiment de nos malheurs passés suffit pour nous garantir des maux dont on ose nous menacer encore.

Quand tous les liens sont brisés, il n'y a plus de droit positif, il n'y a plus de droit des gens ; et partout les mêmes excès amènent les mêmes maux, plus ou moins destructeurs, selon que les crises sont plus ou moins fortes ; et il ne faut pas s'étonner si notre révolution, d'un genre inouï, a accumulé sur nous des genres inouïs de décomposition sociale. Toutes les branches ont été amputées : le tronc seul est resté dans sa force primitive.

Les exils, les déportations, les confiscations, ont été, selon Hérodote, pratiquées dans les révolutions de l'Asie. Les Grecs, plus fins politiques et plus humains, ne frappoient dans leurs dissentions que les chefs ; ils forçoient même à prendre un parti ; et le parti triomphant adoptoit l'autre sans recherche ultérieure. Les Romains, plus durs, proscrivoient les masses. Nous avons, pendant notre bouleversement, accumulé tous ces genres d'infractions.

du droit des gens. Nous sommes cependant plus Grecs que Romains; mais la crise a été si forte, qu'il a fallu souffrir plus de déchiremens pour sauver un corps plus robuste. Nous avons donc tout enduré, excepté la destruction; et c'est un miracle politique que des plaies aussi profondes ne nous aient pas entièrement consumés.

Aujourd'hui que nous sommes redevenus maîtres de nous, nous ne pouvons trouver notre salut que dans le rétablissement entier du droit des gens. Nous le cherchons; nous l'aspirons; et après avoir trop imité les féroces Romains dans leurs proscriptions, nous sommes enfin résolus à imiter les Grecs, bien meilleurs modèles, dans leurs patriotiques réconciliations.

Pour rendre palpable la raison qui rend désormais exécrable toute proscription, et funeste toute déportation, mettons en jeu les partis actuellement en évidence, et voyons quel seroit l'effet de l'anéantissement de l'un d'eux, par une déportation, ou par une colonisation :

Les deux plus apparens sont celui de la liberté absolue, et celui du retour aux usages gothiques. Il en existe un troisième moins bruyant, mais plus nombreux, plus central, plus constant, celui d'une honnête liberté, de l'ordre et de la paix. Nous voyons les deux premiers partis toujours prêts à combattre; le troisième toujours immobile, et neutralisant tous les excès. Si le gouvernement déporte le parti de la liberté, il repousse la France vers la barbarie par le parti gothique. S'il déporte le parti gothique, il expose la France à l'anarchie par le parti de la liberté; et s'il attaque le parti central, il soulève le corps entier; parce que les deux partis remuans lui deviennent auxiliaires; et les crises recommencent. Que doit faire un gouvernement dans une telle position? Ce que notre gouvernement fait avec autant d'intelligence que d'équité, se tenir intimement et persévéremment lié à la masse la plus forte et la plus raisonnable, parce qu'elle finit à la longue par tout entraîner.

Il faut savoir le dire : le droit des gens défend à un gouvernement d'attenter à la liberté de ses sujets. Quelque opinion, quelque religion, quelques sentimens qu'ils professent chez eux, ils ont droit à ses garanties. Il ne peut les atteindre que lorsqu'ils l'attaquent ouvertement en troublant l'ordre. Jusques-là son autorité est leur tutrice, leur point de ralliement réciproquement sacré.

Que si un jour une longue paix, une brillante population, des idées avantureuses, mettoient une partie de la France dans le cas de fonder un établissement lointain qui assurât, resserrât, ou augmentât nos relations dans l'univers. Il faudroit qu'un pareil envoi fut accompagné de toute la force et de toute la magnificence qui environne la mère-patrie elle-même. Par exemple si les terres australes ont des ports, des rivières et des forêts, et que des François, épris de la gloire de fonder un Etat, voulussent porter leurs pas vers ces climats nouveaux, il ne faudroit pas moins que cent mille hommes, cent millions, cent vaisseaux, et vingt ans de subsides pour établir une pareille colonie. C'est en déployant de grands moyens dès l'abord, qu'une colonie peut assurer son existence, se faire des amis des indigènes, et les civiliser sans les détruire. Une

colonie est un enfant de souverain , qui ne doit
naître que pour rassurer le genre humain.

Quant à l'émancipation des colonies, elle
doit être réglée par des principes généreux,
comme leur établissement. Les gouvernemens
pères et patrons doivent sentir eux-mêmes l'é-
poque où leurs illustres enfans doivent agir
pour eux-mêmes. La qualité de sujets ne leur
convient plus dès qu'elle leur devient inutile ;
et elle ne leur devient jamais inutile sans leur
devenir onéreuse. Alors doit cesser la sujétion,
qui pèse sur tous deux, et commencer une
alliance qui rende les avantages réciproques.
Alors l'union par l'origine doit succéder à l'u-
nion par la dépendance, et c'est aux gouverne-
mens-pères à sentir l'arrivée de ces époques, et
à épargner au genre humain les crises épou-
vantables des émancipations forcées. L'affran-
chissement des Etats-Unis est, à cet égard, la
leçon du monde.

FIN.